AF263599

L'ORDRE

PAR

LE SOCIALISME

PAR

Clément DULAC

Ancien représentant du peuple

BORDEAUX

IMPRIMERIE EUGÈNE BISSEI, RUE LAFAYETTE, 3

—

1870

[illegible]

[illegible]

[illegible]

[illegible]

[illegible]

L'ORDRE

PAR

LE SOCIALISME

I.

La Liberté n'a de garantie — efficace — que dans la forme politique et sociale, qui, appelant à l'exercice de la souveraineté tous les citoyens non frappés d'incapacité légale, abolit l'hérédité du pouvoir exécutif ; réduit ce pouvoir à l'état de simple fonction déléguée, incessament révocable ; lui interdit toute immixtion dans le travail législatif ; lui enlève le commandement de la force militaire, le droit de guerre et de paix : et, d'autre part, affranchissant de l'ignorance et de la misère la classe la plus nombreuse, fait de la nation entière une famille heureuse et morale, dont tous les membres désormais sont intéressés au maintien de l'ordre.

La liberté ainsi comprise n'est autre que la

République, la *Chose* vraiment *publique*, également bienfaisante et tutélaire pour tous.

Entre la vraie liberté, l'ordre vrai, la République — « sociale », comme nous disions, — et le socialisme appliqué, il y a équation parfaite.

L'un quelconque de ces termes implique logiquement les autres.

Cette vérité, nous allons essayer de la démontrer; mais au préalable il convient d'écarter une équivoque.

Beaucoup de personnes de sens, et d'ailleurs fort compétentes en d'autres matières spéciales, admettent encore aujourd'hui que le socialisme n'est pas autre chose que le communisme; et plusieurs, sans se troubler d'une telle contradiction, ne voient dans la communauté que le partage des biens, la dépossession violente, le déchaînement des instincts sensuels, cupides et féroces, un régime de société exécrable, s'il était possible.

Nous n'avons certes point à faire l'apologie du communisme, doctrine qui n'est pas la nôtre et que, dans la loyauté de nos convictions les plus fermes, nous déclarons impraticable. Mais encore faut-il être juste envers ceux dont on improuve et discute les idées. Le communisme est l'utopie qu'entreprirent de réaliser les premiers disciples de Christ. Austères et vénérables, ces hommes, qu'animait encore le souffle du grand martyr, brûlèrent de régénérer l'humanité par le sacrifice ; ils prêchaient la fraternité, l'abnégation, le dévouement; et, pour en donner l'exemple, mirent leurs biens en commun. Communistes, furent-ils pour cela des partageux, des pillards et des bandits?

Or, les studieux et les doctes, les généreux enthousiastes qui, à travers le moyen-âge, et jusqu'à l'époque présente, ont enseigné le communisme, comme moyen de salut pour une société que l'égoïsme ravage, Thomas Morus, Mably, Morelly, Robert Owen et Cabet, quel était donc leur idéal ? La Fraternité, la Justice, la Paix et l'Ordre sur la terre !

Ce n'est pas du côté moral qu'ont péché leurs théories. C'étaient des hommes de bien, dignes d'un profond respect. Mais leur doctrine ne fait qu'une part étroite à la liberté ; et le principe sacré de la responsabilité individuelle y est compromis.

Vous connaissez la formule des communistes de nos jours ? « De chacun selon ses forces, à chacun selon ses besoins. » Quoi de plus noble et séduisant, de prime abord, que cette maxime ?

Mais hélas ! l'humanité n'a point de dynamomètre pour déterminer exactement la puissance de production en chaque individualité ; ni de jauge pour mesurer la capacité de consommation.

Imprégnés jusqu'à la moelle de la passion de liberté, nous ne voulons pas nous cloîtrer dans un régime social tenant un peu de la caserne et beaucoup trop du couvent.

Nous ne sommes point communistes. Si nous l'étions, on nous verrait crier sur les toits notre idée.

Loin de vouloir ébranler, ne fût-ce que par la discussion, le principe de propriété, — propriété individuelle, — nous prétendons le raffermir, en le généralisant. Et notre vœu prévaudra. Jamais le prolétariat ne détruira la propriété ; mais au contraire la propriété doit absorber et supprimer bientôt le prolétariat.

Le communisme, à nos yeux, n'est que la première ébauche, ébauche très imparfaite, de la théorie sociale ; il n'a jamais pu s'appliquer et ne s'appliquera jamais que sur une échelle minime. Qu'il reste dans la famille, autour du foyer paternel, et dans le cercle restreint de quelques associations soumises à des idées religieuses ou autres, qui ne sont pas du tout celles de la société moderne.

Le socialisme qui se dégage du bon sens des masses laborieuses, comme des données générales de la philosophie sociale, est celui dont nous allons sommairement exposer les principes et les conséquences.

II.

Le *socialisme* c'est la doctrine de la *sociabilité* traduite en institutions ; doctrine ayant pour objet de rapprocher et unir, par la mutualité du respect et de la bienveillance, les citoyens dans chaque patrie, les hommes dans l'humanité.

En d'autres termes, le socialisme c'est la théorie de la Justice, avec son programme d'applications.

La Justice, — droit et devoir s'équilibrant l'un par l'autre, — émane de ces deux principes primordiaux et suprêmes : Liberté, Solidarité.

Socialement, la Liberté a pour garantie l'Egalité. Où celle-ci n'existe pas, l'autre n'est plus qu'un vain mot. Le plus libre devenu, par cela même le plus fort, opprime bientôt le plus faible. Aussi, nos pères de la grande époque ne voyaient-ils de liberté vraie que dans le pouvoir également garanti à tout citoyen, à tout membre du corps social, d'exercer et développer son activité personnelle, tant qu'il ne porte pas atteinte au même pouvoir en autrui.

Les principes, n'étant pas à la surface des choses, ne se découvrent qu'à la longue. Si la Solidarité, jadis à peine entrevue, n'est pas inscrite en la formule synthétique de 89, elle en transpire du moins : la Fraternité procède de la Solidarité; c'en est la conséquence pratique. Et l'on en peut constater comme la perception confuse dans ce sentiment exquis, si doux, si pur et si noble, lien des cœurs, la sympathie!

Le milieu universel où nous sommes immergés se modifie incessamment par l'action réciproque des êtres, foyers de vie : comment ne serions-nous pas rattachés les uns aux autres par cet immense réseau d'effluves entrecroisées, qui nous investissent et nous pénètrent? Physiquement, moralement, il y a en chacun de nous, à l'état de combinaison, de la vie universelle et de la vie individuelle.

Considérez en effet que des forces sont en jeu dans notre organisme physique et dans notre être moral, lesquelles forces pourtant ne nous appartiennent pas.

Voyez : le sang a circulé pendant des milliers d'années aux veines de l'humanité, sans qu'un seul homme, entre tant d'autres, ait eu connaissance du fait qui n'a été découvert qu'en 1619, par le physiologiste Harvey. Ce n'est point de notre force, de notre vouloir que procède ce mouvement continu à l'intérieur de nous-même. Pareille remarque est à faire pour toutes les fonctions de notre vie organique.

D'autre part, dans l'ordre des faits intellectuels et moraux, considérez le sentiment, l'idée et le souvenir. Suffit-il de les évoquer, de leur commander de naître ou de se réveiller en nous? L'expérience nous dit qu'ils sont trop souvent réfractaires; et pour vaincre leur résistance, nous n'avons que des moyens d'une efficacité incertaine : l'observation, l'attention, le recueillement, l'étude. Quand ces procédés aboutissent au résultat désiré, l'âme s'ouvre à la lumière, qui en elle afflue du dehors; et c'est ainsi que s'explique ce mot si vrai, l'inspiration! Toujours l'universel collabore avec nous, pauvres chétifs. C'est lui qui suscite et nourrit notre faculté rectrice, l'impersonnelle Raison. La Raison, pourrait-on dire, c'est le suffrage universel, *mais vraiment universel* à sa plus haute puissance. Tel est son vénérable titre à la souveraineté.

Or, la quotité d'univers infuse en chacun de nous, d'où nous vient-elle, d'un seul être, principe de toute force ou des êtres innombrables qui chacun auraient la leur? Evidemment de la multitude.

Il est d'expérience, en effet, que les forces qui s'exercent autour de nous et en nous sont très souvent en conflit, qu'elles se contrarient, se heurtent, nous poussent ou nous sollicitent dans des directions opposées.

Or, si prolongés qu'ils soient, les rayons d'un seul et même centre ne s'entrecroisent jamais, ne se font point opposition, ne pouvant même se rencontrer.

C'est donc de ces myriades d'êtres plus ou moins nos semblables que nous vient cet afflux de forces mêlées à la nôtre propre.

Un être est un foyer de force consciente d'elle-même. Où il y a de sa force, il y a de sa substance. Donc, puisque les uns, les autres, nous nous atteignons et pénétrons de notre action réciproque, c'est-à-dire de notre force, il y a de nous dans les autres, comme des autres en nous. Leur faire du mal ou du bien, c'est nous en faire à nous-même. L'égoïsme est sa propre dupe; le crime son propre bourreau. La vertu trouve en elle-même sa première récompense et la seule qu'elle recherche, mais non la seule qui lui soit légitimement assurée. L'univers renvoie à chacun des êtres qui sont en lui justement la quantité de bien ou de mal qu'il en a reçue. Ce talion est fatal, avec le remords pour surcroît ou l'exaltation généreuse, produits spontanés de nos âmes, selon leur état moral.

La solidarité implique la convergence des intérêts. Pas un homme, une famille, une caste, une nation, qui ait vraiment avantage à quoi que ce soit de contraire à l'harmonie universelle. Entre deux intérêts posés à l'état d'antagonisme, un seul est vrai, l'autre illusoire.

Que cette vérité certaine s'épanouisse et rayonne en la conscience des peuples, la paix régnera sur le monde en tout ordre de relations ; et la guerre, cette folie bestiale de l'humanité, ne sera plus qu'une souillure empreinte aux pages de l'histoire, sombre miroir du passé.

Dans la Solidarité est la sanction naturelle, indéfectible de la Justice.

La Justice appliquée, c'est l'Ordre.

L'Ordre, issu de la Justice, c'est le bonheur sur la terre.

III

Les socialistes ne sont pas des sauvages à l'esprit inculte, qui méconnaissent et voudraient saper les bases de l'ordre social. Ils habitent, eux aussi, l'édifice qu'on dit en péril. Croyez-vous donc qu'ils aient envie de se le faire crouler sur la tête?

On les poursuit d'accusations odieuses autant qu'insensées. Ils rêveraient de détruire la famille, la religion et surtout la propriété !

S'attaquer à la famille? Serait-ce donc que ces malheureux n'ont eu ni père ni mère à bénir et vénérer? pas une femme qu'ils aiment d'un amour pur et délicat? pas de chers enfants, leur trésor d'espérance et de joie fière? Ne blasphémez pas la famille, vous qui prétendez la défendre! Il faut donc que l'on vous dise que la famille n'est pas une institution passagère, éclose quelque beau jour du cerveau des faiseurs de lois et qui se puisse abroger. Elle est autrement durable en tant que grand fait naturel, essentiellement lié à la condition humaine. On détruira la famille, en détruisant l'humanité. Jusque là, pas de danger.

Il est vrai qu’impérissable la famille peut du moins être attaquée dans son principe par la dégradation des mœurs. Les liens sacrés et charmants du sang et de l’affection se relâchent alors et paraissent en danger de se dissoudre.

Mais les sources empoisonnées de la corruption dans le monde, quelles sont-elles? les voici : l’ignorance, la misère, la tyrannie qui opprime et la tyrannie qui exploite. Est-ce nous qui les déclarons à jamais intarissables? Est-ce vous qui avez cherché avec une foi ardente, à travers de longues études, le moyen de les supprimer?

Dans une société, composée comme la nôtre de deux classes superposées à une distance trop grande sur l’échelle du bien-être, des lumières et du pouvoir, les vices de l’une d’elles ont pour amorce et pour aliment les vices de la classe opposée ; les vices de chacune d’elles sont le châtiment terrible infligé aux vices de l’autre. Les deux corruptions engendrées par le luxe et par la misère se justicient réciproquement.

Tableau formidable et sombre qui mérite d’être déroulé pour l’édification de tous. Contentons-nous aujourd’hui de le signaler à l’attention des hommes de sens et de cœur qui seraient restés encore au rang de nos adversaires.

Les socialistes n'ont pas cette absurdité palpable de machiner la destruction de la famille indestructible. Pleins d'un profond respect pour elle, ils n'aspirent qu'à la rapprocher de l'idéal de pureté qui l'appelle et la convie dans les voies de l'avenir.

N'ayant foi qu'aux révélations de l'étude et de la raison, nous n'en subissons nulle autre. Mais le sentiment religieux n'a rien à craindre de nous. Comme ces fils de la vieille Sparte apprenant la sobriété au spectacle d'ilotes ivres, nous avons puisé la tolérance dans l'exécration du fanatisme. Point crédules, ni sceptiques, nous professons la religion de la Liberté et de la Justice; et nous avons cette ambition à la hauteur de laquelle nous comptons bien nous tenir : imposer par l'ascendant d'une équité scrupuleuse le respect de nos doctrines à nos ennemis les plus acharnés. L'Eglise romaine a beau nous harceler de ses anathèmes, libre-penseurs, nous défendrons contre elle, tant qu'il le faudra, la liberté de penser et pour elle, s'il le fallait, — s'il le fallait par impossible, — l'entière liberté de croyance. Nous entendons faire prévaloir, contre elle aussi bien que pour elle, les garanties du droit commun.

Reste un autre grief exploité contre le socialisme. Il menace et prémédite de détruire la propriété.

Il y a pourtant parmi nous bon nombre de propriétaires, qui à coup sûr ne tiennent pas à être spoliés. Ils travaillent pour acquérir et certes pour conserver. Quelle incroyable espèce d'hommes seraient-ils en vérité, s'ils n'avaient pas, comme vous, la passion de l'indépendance, le besoin d'un bien-être honnête et de la sécurité pour leur famille et pour eux-mêmes? Or, tâchez donc d'inventer un procédé, un moyen de garantir la sécurité dans le bien-être et l'indépendance, si la propriété disparaît.

Hélas! elle existe pour vous et pour beaucoup d'entre nous, mais voyez donc ces malheureux qui, comme tous, y aspirent et très légitimement, sans jamais y pouvoir atteindre! Ils ne sont pas quelques-uns, mais l'immense multitude, les serfs du salariat, les esclaves et martyrs de l'ignorance et de la misère.

Ils n'ont que leur travail pour vivre et le travail trop souvent leur manque. Parfois aussi, ils en meurent. Consultez la statistique des industries périlleuses et des métiers insalubres et dénombrez les victimes. Atroce ironie des choses! Des hommes sont réduits à chercher leur subsistance dans le suicide.

Partout la vie leur est dure. Dans les champs comme à la ville, un nombre effrayant de vieillards et d'invalides du travail ont, pour unique ressource, l'aumône qui navre et dégrade la dignité du malheur.

Si du moins le prolétaire ne subissait que l'étreinte des afflictions corporelles! Mais le sort n'a point pour lui cette pitié relative. La faim, le froid, la maladie qui s'abattent sur les vieux parents, sur la femme ou les enfants de l'ouvrier honnête et pauvre, — souffrances physiques pour eux, — sont pour lui tortures morales. L'insécurité le brise dans ses affections les plus chères. Quand, bien las, il rentre le soir, cherchant un repos qu'il mérite, la crainte du lendemain l'assiége sur son grabat. L'avenir, gouffre sombre, est béant devant la famille. La guerre lui prend son fils, tandis qu'un autre péril s'appesantit sur sa fille. L'humble foyer est sujet à la double conscription pour la mort et pour la honte.... Hélas! pour le prolétaire le côté moral des choses a bien aussi ses aspérités douloureuses et poignantes.

Soyez justes envers nous. Ne dites pas que l'ouvrier et le bourgeois socialistes n'ont de préoccupation que celle des appétits grossiers. Apparemment, ce n'est point pour sacrifier à la matière qu'ils réclament avec tant d'ardeur l'instruction et l'éducation généralisées pour tous, comme un bienfait et un devoir.

Cultivez, purifiez, assainissez le milieu.

Les marais de Terracine, foyer de mal'aria pour la Rome pontificale, qui prie et ne travaille pas, étaient autrefois des jardins salubres et florissants, et des greniers d'abondance pour les laboureurs vaillants de la Rome républicaine.

Ne laissez pas s'établir de centres d'infection parmi vous. Des consciences stagnantes sont bien près de se corrompre. La fièvre paludéenne envahit aussi les âmes, et multiplie ses victimes même en dehors et au-dessus de la région d'où elle est partie.

Oui, le prolétariat, fléau pour la multitude qui seule y paraît soumise, enveloppe de son influence la condition des hautes classes, qui volontiers se croient hors d'atteinte. Le prolétariat n'est point le mal des seuls prolétaires, mais du corps social tout entier. Il n'y a pas, en ce monde, un enfer et un paradis à distance l'un de l'autre et ne communiquant point ensemble. Nous sommes tous pêle-mêle dans la solidarité.

Par pitié d'abord, mais ensuite pour notre propre sauvegarde, occupons-nous du sort des autres.

2

D'où viennent ces malheureux qui peuplent les prisons, les bagnes, ou rougissent de leur sang le couperet du bourreau ? Ils viennent pour la plupart de l'ignorance et de la misère à travers le vol ou le meurtre.

Et quelles sont les victimes de l'assassinat ou du vol ? Des gens qui, pour la plupart, font partie de la classe heureuse. Bonheur étrangement assuré !

Paris et nos grandes villes, foyers éclatants de lumières et d'aspirations généreuses, nous offrent, dans certaines couches de leur population si mêlée, un spectacle de corruption effroyable et vertigineuse. Les ruines, les désastres, les hontes, les désespoirs qui sortent de ces cloaques sont les produits naturels de la fermentation de l'opulence et du luxe en contact avec la misère.

Regardez à vos pieds : vous passez sur le bord d'un précipice. Adroits et forts, vous pourrez peut-être n'y point tomber; mais, êtes-vous sûrs que vos fils, ou vos petit-fils, moins prudents, moins heureux, n'y glisseront pas?.. Le gouffre à combler, vous le connaissez. Les gémissements et les cris, qui s'en échappent, portent conseil.

Pas de sécurité possible dans l'ordre social qu'on nous fait! Cet ordre usurpe son nom.

Par cela qu'une société est à chaque instant
affolée de la peur des révolutions, c'est que
l'ordre n'y règne pas. L'ordre par la compres-
sion ce n'est rien que du désordre, instable
par essence; tandis que, largement assis sur
le bien-être de tous, l'ordre vrai est inébran-
lable.

Mais il ne s'agit pas seulement de détourner
de nos voies un mal présent ou des chances
menaçantes pour l'avenir. Rien qu'au point de
vue inférieur des supputations utilitaires, il est
aisé de comprendre combien nous aurions à
gagner en élevant au niveau de notre condition sociale nos frères de la multitude.

A part le prolétariat, privé déplorablement
de culture intellectuelle, il ne reste parmi nous
qu'une fraction minime de la population pour
former le personnel où se recrutent les vaillants de la science appliquée, les hommes
d'initiative qui, attelant des idées aux engins
de l'industrie, décuplent notre puissance sur
le monde matériel.

Les richesses, les éléments de bien-être pro-
gressif que nous devons aux inventeurs issus
de la classe moyenne, se multiplieraient encore dans une proportion bien plus grande,
par l'entier affranchissement de la classe la
plus nombreuse. Et nous aurions à recueillir,

par voie de participation, les produits d'un capital que nous laissons dépérir; capital le plus précieux et le plus fécond de tous, des millions de cerveaux humains!

Après cela, personne n'ignore combien est plus fructueuse l'activité de l'homme libre que celle du salarié. Mettez donc en parallèle le champ exploité par les mains du cultivateur-propriétaire et celui livré à l'insouciance du manouvrier à gages ! Faute de stabilité, le fermier lui-même ou le métayer ne peut s'attacher à la terre et s'y dévouer corps et âme, comme le paysan qui possède. Ainsi, dans les arts et métiers et dans les manufactures, l'ouvrier, seigneur et maître ou du moins co-propriétaire des instruments de travail qu'il a à faire valoir, sera plus ardent à l'œuvre et ambitieux de perfection. La qualité et l'abondance en toutes sortes de produits, c'est l'échange, la circulation, la vie, faciles et prospères ; — c'est le marché intérieur équilibré par le rapport de la demande avec l'offre ; la France trouvant en elle-même un débouché assuré pour la plus grande partie de sa propre production ; — plus d'encombrement, de mévente, de stagnation, de chômage, de désastres industriels, de crises commerciales... de misère cruelle à subir, inquiétante à considérer !

Il faut compter les prolétaires, non pour s'effrayer de leur nombre, mais pour connaître l'énormité de leur souffrance collective et voir combien nous perdons à laisser tant de nos semblables en dehors du progrès moral et dans une pitoyable condition économique.

« En 1850, d'après les bases numériques données
» par la statistique générale de France, il y avait :
» Sur une population de trente-six millions d'âmes,
» 30,000,000 de travailleurs, ayant 4,680,000,000
» de salaire annuel.

» Chaque individu de la population laborieuse,
» femmes et enfants compris, avait pour vivre :
» En 1788.................. 33 centimes par jour.
» En 1850 .... 43 do

....

» L'accroissement a été en 62 ans de 10 centi-
» mes par jour, pour chaque personne.

....

» Ces chiffres prouvent l'erreur de ceux qui
» croient à la multiplication des richesses sur une
» échelle immense. »
(Moreau de Jonnès, statistique de l'industrie de la France, pages 343 et 344.)

Ces chiffres sont éloquents! Ils prouvent d'abord que le nombre de nos frères dénués ne serait guère au-dessous de trente millions d'âmes, et qu'ils sont aujourd'hui positivement plus pauvres qu'ils ne l'étaient en 1788, car une augmentation dans leur revenu, par tête et par jour, de dix centimes, ne correspond certes pas à la dépréciation progressive de l'argent jointe au renchérissement des denrées de consommation et des loyers, surtout dans les villes.

Nous savons fort bien que les chiffres donnés par la statistique ne sont pas, ne peuvent être, d'une exactitude rigoureuse. Mais s'il était démontré que le nombre des prolétaires, en notre pays de France, au lieu d'être de trente millions, se réduit à vingt millions ou même au-dessous, tant mieux! Plus tôt serait accomplie l'œuvre d'entier affranchissement.

Nous avons la conviction que, dans les classes élevées, personne de quelque bon sens et de moralité moyenne ne songerait à faire obstacle à l'abolition de la misère, si cette grande réforme était démontrée possible et facile à réaliser, sans commotions violentes, sans attentat contre le droit naturel de propriété, enfin sans danger pour l'ordre.

Posée en ces termes, la question est loin d'offrir les difficultés que généralement on suppose, et nous pourrions énumérer une série de voies et moyens parfaitement irréprochables.

Mais le cadre du présent écrit impose la brièveté, et nous devons nous borner *à l'indi-*

cation pure et simple de l'un des nombreux procédés à l'aide desquels nous comptons atteindre·au but de nos aspirations.

IV.

Etant donné que la France fût pleinement convaincue de cette vérité certaine : *le prolétariat n'est point le mal des seuls prolétaires, mais du corps social tout entier ;* qu'elle eût par conséquent à cœur d'abolir le prolétariat : elle pourrait, par exemple, autoriser son gouvernement à acheter *de gré à gré,* au fur et à mesure qu'elles seraient *librement* mises en vente par leurs possesseurs actuels, des propriétés rurales qui, par lui, seraient morcelées et revendues, sans profit ni perte, à des familles de prolétaires.

L'Etat donnerait en paiement des inscriptions sur le Grand-Livre, condition qui devrait être acceptée avec empressement pour diverses raisons que voici : 1°Les propriétaires auraient pour garantir leurs créances, dans ce mode de transaction, outre le crédit de l'Etat, l'hypothèque, ou, pour mieux dire, le privilége de vendeur. Devenus porteurs de titres de rentes, ils seraient dans une position plus rassurante et meilleure que celle où se trouvent aujourd'hui, en n'importe quels pays, les rentiers de l'Etat à l'égard de n'importe quels gouvernements; 2° Les propriétaires traiteraient d'autant plus volontiers avec l'Etat acquéreur, que celui-ci leur paierait leurs domaines tout ce qu'ils valent, ce qu'évitent de faire, tant qu'ils peuvent, les acquéreurs particuliers; 3° Enfin, un grand nombre de propriétés à vendre ne trouvant pas d'acheteurs, leurs possesseurs actuels seraient très heureux d'entrer en marché avec l'Etat.

Celui-ci aurait, pour payer la rente dont il se serait chargé, les intérêts que, d'autre part, il toucherait des sous-acquéreurs. En réalité, son passif ne se serait point accru.

La dette publique n'étant pas sujette à remboursement, les citoyens qui, par l'entremise tutélaire de l'Etat, seraient devenus propriétaires, n'auraient pas non plus à payer le capital de leur obligation. Il ne leur incomberait que de s'acquitter exactement de l'intérêt annuel, faute de quoi ils devraient s'attendre à être évincés, pour céder la place à d'autres sous-acquéreurs plus laborieux, plus probes ou peut-être mieux réglés dans leurs habitudes de vie. Or, de pareils accidents, si regrettables, seraient bien rares. On connaît l'ardent amour du paysan pour la terre, surtout quand il la possède ; et l'on sait combien alors entre ses mains elle est féconde. D'ailleurs, le possesseur nouveau serait abrité contre les chances de sinistres et cas fortuits, par l'assurance obligatoire et donnée au plus bas prix. Enfin, on le mettrait à même de doubler au moins son produit par des prêts d'engrais sur grande échelle et payables à un an de terme. Dans une étude plus complète sur le prolétariat, nous expliquerons comment ces agents de fertilité seraient mis à sa disposition ; et comment, préparés selon les lumières de l'agronomie moderne et en toute loyauté, ils seraient offerts au prix le plus bas, en laissant néanmoins un bénéfice de fabrication suffisant pour couvrir les pertes éventuelles qui résulteraient du fait de quelques sous-acquéreurs.—De telles questions, fort simples, mais larges assurément, ne peuvent tenir à l'aise dans une notice écourtée...

Au fur et à mesure que le permettraient leurs ressources augmentées par le travail et l'économie, les sous-acquéreurs seraient admis à se libérer graduellement du capital de leur dette.

Les propriétés acquises et morcelées par l'Etat seraient de préférence offertes aux familles qui déjà s'occupent de leur exploitation. Et pour les lots surabondants on ferait appel aux voisins dans l'ordre de plus grande proximité.

Par une disposition expresse de leur contrat, les sous-acquéreurs s'interdiraient la faculté de revendre à des personnes déjà pourvues, de telle sorte que jamais ne se pussent reconstituer la grande propriété et l'accaparement de la terre.

Les lots à circonscrire devraient être d'une valeur de dix mille francs, indication approximative.

Or, d'après une statistique, publiée, s'il nous en souvient vers 1847, par un économiste connu, M. Alfred Legoyt, il se vendait en France, année moyenne, pour un milliard environ de propriétés immobilières. Evidemment ce gros chiffre serait de beaucoup dépassé si tous les biens mis en vente trouvaient tout de suite acquéreurs. Et il est fort vraisemblable que pendant une série d'années, le total des prix de vente serait annuellement d'un certain nombre de milliards.

Quinze milliards seulement de propriétés rurales transmises au prolétariat, en un court espace de temps, cela étendrait déjà à quinze cent mille familles le bienfait de l'affranchissement. Ce nombre correspond à six millions sept cent cinquante mille individus, à 4 1/2 par famille, comme comptent les statisticiens. Près de sept millions de personnes, ce serait le tiers environ du prolétariat français. Or, déjà les salariés sont en nombre insuffisant pour les besoins de la terre. Quand ils seront un tiers de moins, les bras disponibles deviendront si rares et le prix du travail si élevé, que la plupart des propriétaires se décideront à vendre.

Or, tous les hommes de bon sens parmi les propriétaires reconnaîtront avec nous qu'ils ne peuvent ni réclamer, ni même désirer que le plus grand nombre de leurs concitoyens pauvres soient réduits à la condition de nègres ou de *coolies* pour que les bras ne manquent point à la culture de leurs domaines.

Ces domaines, au surplus, ne seront point perdus pour eux, s'ils se décident à les vendre. Converti en rentes sur l'Etat, le capital qu'ils représentent continuera à produire pour le compte des vendeurs, et le revenu en sera plus élevé et régulier qu'en récoltes ou fermage.

Des mesures également protectrices et favorables seraient prises à l'égard du prolétariat industriel. L'Etat pourrait acheter ou même faire construire, comme il sera expliqué plus tard, des bâtiments où les ouvriers seraient logés à bon marché. Il acquerrait des fabriques, usines, manufactures, où des producteurs associés auraient leur intégral produit, chacun travaillant à ses pièces ou avec des émoluments fixes et tous partageant, au prorata de leur coopération respective, le bénéfice qui revient actuellement aux patrons. Bien entendu que de telles associations d'ouvriers ne seraient pas dispensées de rembourser à l'Etat la rente dont il aurait contracté l'obligation précisément pour leur être utile. La rente n'est certes pas un prélévement abusif sur le produit du travail. La raison et l'équité exigent, qu'en tout produit, on fasse la part du travail nouveau et du travail antérieur. Le travail antérieur, c'est le capital. Que le prolétaire ne maudisse pas le capital et la rente : Il leur devra sa rédemption.

L'idée pratique énoncée sommairement en ces quelques lignes, nous la soumettons à l'examen des hommes de bon désir. Qu'ils voient si elle est de nature à servir efficacement la cause qui leur est chère : la justice, à réaliser dans sa forme sociale, l'Ordre !

Clément Dulac,
(ancien représentant du peuple).

Bordeaux. — Imp. Eugène Bissei, rue Lafayette, 3.

www.ingramcontent.com/pod-product-compliance
Lightning Source LLC
Chambersburg PA
CBHW061752060726
47597CB00007B/2890